AF592572

AU PREMIER CONSUL

De la République Française,

SUR

LES RECETTES ET LES DÉPENSES PUBLIQUES

Pour le service de l'an IX.

(Vendémiaire an 9, (octobre 1800.)

Au citoyen BONAPARTE,

PREMIER CONSUL

De la République Française.

NOUS touchons au moment où le tableau des finances de la France, pour le service de l'an 9, sera mis sous les yeux du corps législatif et soumis au jugement de la nation toute entière.

Ce tableau doit offrir, dans sa composition même, le gage de la sagesse du gouvernement et de son retour aux principes d'ordre et de fidélité, si long-tems méconnus par ses prédécesseurs.

Un BUDJET est facile à faire, même à renouveller d'une année à l'autre, quand on compte au besoin sur la ressource de convertir, au bout de l'année, le DÉFICIT en ARRIÉRÉ, et l'ARRIÉRÉ en valeurs NOMINALES; mais il est aujourd'hui suffisamment démontré que ces sortes de mécomptes retombent en définitif sur l'état lui-même, et que les pertes qui en résultent et qui, aux yeux ordinaires, ne semblent que des injustices particulières ou des malheurs individuels, attaquent la fortune publique et en détruisent tous les élémens.

Les mesures de loyauté, d'exactitude et de bonne foi, dans un plan de finances quelconque, ne sont pas moins nécessaires que celles qui tendent à des recouvremens positifs; les premières assurent le succès des autres, parce que les contribuables y trouvent, en retour de leurs sacrifices, les égards et la justice qu'ils ont droit d'attendre des chefs de l'état, et que c'est du parfait accomplissement de ces devoirs respectifs que naissent tous les moyens d'encouragement, de travail et de richesse qui, par le développement des fortunes particulières, ouvrent et multiplient les sources du revenu public.

Mon dessein n'est pas de me livrer ici à une dissertation générale et vague sur les avantages du crédit ; ce n'est pas de doctrine et de maximes, c'est de pratique et d'exécution que nous manquons sur cette matière : un grand nombre d'écrivains se sont, dans ces derniers tems, disputé la tâche de mettre l'ÉCONOMIE POLITIQUE à la portée de tout le monde; et il semble qu'on ait voulu lui donner ce rapport de plus avec la MORALE dont les meilleurs traités furent souvent composés en l'absence des BONNES MOEURS.

On remarque sur-tout avec raison, parmi les écrits récens publiés à ce sujet, l'ESSAI de *Frédéric Gentz sur l'administration des finances de la Grande-Bretagne*, et j'aurais bien peu de chose à dire, après lui, sur la théorie du crédit; mais je desirerais que les principes honorés dans cet ouvrage et dans ceux des écrivains (1) qui ont servi de modèle à son auteur et préparé les voies à tout bon gouvernement, reçussent désormais leur application à l'administration pratique des finances de France ; et c'est-là l'objet des ré-

(1) *Nota*. Il cite particulièrement ADAM SMITH, dont les œuvres sont, dit-on, le livre chéri et le conseil permanent de M. Pitt; cet auteur honore l'Angleterre, mais la France avait eu auparavant ses MONTESQUIEU et ses CONDILLAC ; SMITH et GENTZ ont profité de leurs lumières.

flexions que je vais présenter sur la situation actuelle des RECETTES et des DÉPENSES PUBLIQUES du gouvernement français, et sur la nécessité de rattacher à un SYSTÊME d'ADMINISTRATION COMPLET et durable toutes les parties de la composition du BUDJET de l'an 9.

Je vous engage, CITOYEN CONSUL, à examiner successivement avec moi et à résoudre dans votre sagesse, selon le plus grand intérêt de l'état, quatre questions principales que, pour plus de méthode et de clarté dans la division de ce travail, je mets sous vos yeux d'abord toutes les quatre à-la-fois, et que je reprendrai ensuite chacune séparément.

PREMIÈRE QUESTION.

« La France a-t-elle dans les revenus qui appartiennent à » l'état, et dans les impôts composant la majeure partie de » ces revenus, de quoi faire face :

« 1°. A ses dépenses ordinaires ;

« 2°. Au service des intérêts, et à l'amortissement gra- » duel de sa dette publique ;

« 3°. A sa dépense extraordinaire en cas de guerre ?

SECONDE QUESTION.

» Le système d'impôts qui existe aujourd'hui en France » peut-il être modifié et perfectionné, de manière à le ren- » dre plus doux aux contribuables, plus utile au trésor pu- » blic, et plus favorable à la reproduction ?

TROISIÈME QUESTION.

« Convient-il au gouvernement français de pourvoir à la » liquidation et acquittement de tous les engagemens de l'é- » tat qui restent en souffrance ?

QUATRIÈME QUESTION.

» Quel est, pour se mettre à jour, le mode de libération
» le plus louable, le plus sûr dans son exécution, le plus
» désintéressant pour les créanciers de l'état, et le plus
» propre à accélérer le retour de l'aisance et du crédit ?

PREMIÈRE QUESTION : *La France a-t-elle?* etc.

Le montant des dépenses ordinaires du gouvernement français, tel qu'il est organisé aujourd'hui, est assez exactement connu ;

Sa dépense extraordinaire est soumise à une évaluation arbitraire ; mais, pour l'année qui commence, son *maximum* peut être déterminé ;

Les ressources positives qu'offrent les revenus publics et les impôts actuellement établis, sont également connus ;

La somme de la dette publique dont les arrérages sont en activité de service, est certaine ;

Et quoiqu'il n'existe pas d'état précis et détaillé, ni de la dette non-consolidée faisant la matière de la LIQUIDATION dite PROVISOIRE, ni des objets passifs de toute nature restés en souffrance sous la dénomination d'ARRIÉRÉ, cependant on a des notions suffisantes pour en déterminer aussi le MAXIMUM.

Avec de telles données, la *première question* proposée est simple à résoudre.

Les dépenses publiques ordinaires de la France, (la dette non-comprise,) s'élèvent à 280 millions, savoir :

Dépenses ordinaires.

1°. Pour la guerre, (dont la dépense avant 1789 était fixée à 90 millions).....	130,000,000 fr.
2°. Pour la marine, (dont la dépense avant 1789 était fixée à 45 millions)...	70,000,000
3°. Les autres dépenses ordinaires, suivant le rapport (1) fait par ARNOULD, au conseil des 500, le 24 thermidor an 7, à l'occasion du service de l'an 8, s'élèvent à moins de 80 millions ; je porte.........	80,000,000
	280,000,000

Dette publique.

La dette publique, dont les arrérages doivent entrer dans le chapitre des dépenses ordinaires, se divise en trois parties, savoir :

1°. La dette inscrite au grand-livre, dont les arrérages sont actuellement en activité, et qui comprend tant le tiers consolidé de la dette perpétuelle et viagère, que les pensions et traitemens viagers, s'élève à 70 millions au plus : le contrôle des payemens effectifs, prouverait peut-être que cette évaluation est trop forte ; mais elle est analogue au montant du crédit ouvert au ministre des finances, pour le payement du premier sémestre de l'an 8 (*) ; ci... 70,000,000

(*) *Nota.* Les états de l'an 6 et de l'an 7 portent la dette à 89 millions de rentes; mais ils comprennent, sans retranchement, les pensions et traitemens viagers dont on ne paye cependant que le *tiers* comme de tout le reste. Il y a eu d'ailleurs des extinctions par mort et par emploi en biens nationaux.

(1) *Nota.* Ce rapport a servi de base à celui fait depuis, en frimaire an 8, aux Consuls de la république par le ministre des finances, et dont le résultat fut adopté par les commissions des deux conseils ; et comme son évaluation, à environ 80 millions, pour les dépenses ordinaires autres que celles de la guerre et de la marine, comprend un article de près de 22 millions pour dépenses imprévues, on peut admettre comme suffisante cette somme de 80 millions.

d'autre part.........	70,000,000
2°. La dette *provisoirement* liquidée ou à liquider, déduction faite de la portion qui en a déjà été absorbée par l'emploi en paiement du prix de biens nationaux, s'élèvera au plus à vingt-cinq millions de rentes (1), ci	25,000,000
3°. L'arrieré des années 5, 6, 7 et 8, et les créances de toute nature restées en souffrance et qu'il est important de faire disparaître tout-à-fait, peut former un objet de 200 millions en capital; mais, en cas d'erreur en *moins*, soit sur cet article, soit sur celui de la dette nommée *provisoire*, je suppose qu'il doive en résulter une augmentation de 15 millions de rentes, ci	15,000,000
Il convient de comprendre encore dans le dénombrement des parties constituantes de la dette publique, le fonds destiné à en opérer l'amortissement successif; ce fonds porté à 5 millions par an et réuni aux autres moyens d'extinction résultans de la	110,000,000

(1) *Nota.* Je n'ai pas pu me procurer à cet égard des renseignemens positifs; mais si je m'en rapportais au témoignage du plus grand nombre de ceux que j'ai consultés, et qui se prétendent bien instruits, je rabattrais beaucoup de mon évaluation à 25 millions de rentes.

Et en effet, 25 millions de rentes en *tiers provisoire*, supposent, à cause des deux tiers mobilisés, un capital de 1500 millions, à quoi il faut ajouter ce qui a été déjà employé en biens nationaux, et qu'on assûre être considérable.

ci-contre............	110,000,000
faculté d'emploi en biens nationaux et de la diminution graduelle de la dette viagère, remplirait suffisamment sa destination, et je reviendrai sur cet article, ci..	5,000,000
Total des intérêts de la dette publique, et de la réserve annuelle à faire pour son amortissement (1),..................	115,000,000
Les dépenses publiques ordinaires montent, comme on l'a vû, à............	280,000,000
Toute la dépense ordinaire, dette publique comprise, monte à.............	395,000,000

Comparons à cette charge annuelle la somme du revenu public ORDINAIRE du gouvernement français.

Avant 1789, le trésor public percevait annuellement, en impôts ou revenus fixes, plus de 500 millions par an.

On objectera que depuis dix ans, malgré l'agrandissement du territoire français, la matière du revenu public s'est appauvrie avec la fortune des contribuables;

Cependant on doit remarquer que dans les trois dernières années qui viennent de s'écouler, (années 6, 7 et 8) le trésor public, privé de la ressource des emprunts, n'a pas reçu chaque année moins de 500 millions en numéraire (2).

(1) *Nota.* C'est environ le quart des intérêts de la dette publique d'Angleterre, lesquels montent à près de 19 millions sterlings, ou 475 millions tournois.

(2) *Nota.* L'année 7 n'est pas la plus heureuse des trois; et suivant le rapport d'Arnould, du 24 thermidor an 7, la recette en *écus*, pour les neuf premiers mois de l'an 7, s'élevait à 415,334,577 francs.

Cette perception n'a pas empêché qu'en l'année 8, et pendant que la guerre dure encore, les fortunes particulières n'ayent reçu un accroissement sensible, et qu'il ne se soit opéré, dans l'état général du crédit, un commencement de révolution favorable au développement de toutes les valeurs; c'est-là le signe le moins équivoque auquel on puisse reconnaître que la charge des impôts est en rapport avec les facultés des contribuables; et cette charge doit devenir encore plus douce sous un gouvernement qui remet tous les jours chaque chose à sa place, et qui donne sûreté et protection aux propriétés, aux personnes, au travail et aux talens.

Mais, nous n'avons pas besoin de 500 millions pour atteindre le but proposé ; et en supposant que le revenu public ordinaire, composé tant du produit des impositions que du revenu proprement dit des domaines de l'état, soit fixé, comme je le porte, à 469 millions, il restera encore un excédent de 74 millions qu'on pourra destiner, savoir ;

Partie à former le fonds ou la garantie du payement des dépenses extraordinaires ;

Et partie au soulagement des contribuables, ou aux dépenses d'encouragement et d'améliorations, qui, souvent, tendent aussi efficacement, quoique moins directement, vers la même fin.

C'est ici le lieu de rappeller qu'un gouvernement sage doit se préserver de l'obligation de couvrir les dépenses extraordinaires par des surcroîts actuels d'impositions, ou par des levées subites et forcées ; ces appels violens faits aux contribuables, au-delà de leurs charges ordinaires, épuisent leurs facultés,

facultés, détournent vers le fisc la portion de richesses essentiellement destinée à vivifier l'agriculture, à salarier le travail, et à stimuler l'industrie; et leur produit d'ailleurs, même en tarissant la source des revenus ordinaires, se trouve encore fort au-dessous des besoins énormes qui s'établissent avec la guerre au sein des grands états condamnés à la soutenir.

Or, dans les gouvernemens qui ne thésaurisent pas comme les monarques de l'Asie, et qui ne pourraient même jamais accumuler assez de trésors pour suffire aux frais immenses des guerres actuelles, il n'y a que l'usage du crédit qui puisse affranchir les contribuables de la calamité soudaine d'une subvention exorbitante pour les dépenses d'une ou plusieurs campagnes; et c'est sans contredit un artifice digne de la reconnaissance publique, que celui au moyen duquel, dans les besoins de l'état, au lieu de s'adresser directement à tous les sujets, pour en arracher par force des sommes d'argent qu'ils n'ont pas en leur pouvoir, on obtient de ceux qui ont des capitaux disponibles, une avance volontaire, sous un intérêt modéré; non-seulement la situation générale des fortunes, la marche des transactions et des affaires n'en reçoivent aucune atteinte; mais c'est souvent un moyen de rendre à la circulation des fonds oisifs, et de racheter au moins par quelque bien, les dommages inséparables de la guerre. Mander ainsi, au nom seul de la confiance, la classe des capitalistes au secours de l'universalité des sujets, est un acte de souveraineté qui n'appartient qu'à la sagesse et à la bonne conduite; et, si de bons esprits l'ont quelquefois envisagé sous un aspect contraire, c'est parce que, dans son exercice, cet acte doit être environné d'un grand nombre de formes et de précautions délicates, souvent ignorées ou négligées, et pourtant nécessaires pour en assurer les bons effets : mais quand il embrasse dans ses combinaisons la parfaite satisfaction des prêteurs et la commode libération des contribuables, il figure avec raison au premier rang des moyens de force et de puissance que les grandes sociétés humaines ayent jamais pû faire servir à leur perfectionnement et à leur stabilité.

Cette précieuse ressource est, pour le moment, interdite à la France ; mais il dépend de son gouvernement de la mettre en peu de tems à sa disposition ; et d'après les progrès que le crédit public, soutenu par la seule espérance, a fait depuis un an, on peut assurer qu'avec des mesures réelles et un plan fixe et régulier dont l'exécution soit constamment surveillée et toujours confiée à des mains habiles, un grand emprunt deviendrait au besoin, dès l'année prochaine, praticable, à des conditions modérées.

Après tout ce qui a été dit sur l'avantage de la ressource des emprunts comparée à toutes les autres, et la manière victorieuse dont M. *Gentz* a résolu les objections faites, contre ce système, par quelques auteurs recommandables qui l'ont envisagé dans ses modes plus ou moins vicieux, et non dans son parfait usage, je m'expose à des répétitions en prolongeant mes réflexions sur ce point ; je veux cependant encore, CITOYEN CONSUL, pour rendre plus sensible la préférence due aux emprunts, feindre ici l'hypothèse où, dans un besoin urgent et considérable, tous les contribuables de l'état seraient assemblés et appellés à choisir ;

Entre l'obligation de fournir subitement une somme que je suppose être de CENT FRANCS pour le MOINS IMPOSÉ de tous;

Et celle de payer, pendant un certain nombre d'années, une somme que j'arbitre à SIX FRANCS par an, (intérêts et amortissement compris,) aussi pour le MOINS IMPOSÉ de tous.

Sous quel rapport, je le demande, serait-il possible qu'aucun d'eux préférât le déboursé actuel d'un capital de 100 francs au service annuel de 6 francs de rente ?

D'abord, quant à son aisance personnelle et aux moyens de desservir l'exploitation de son héritage ou de son commerce, il n'est pas douteux, sur-tout au moment où un appel de fonds considérable va priver la circulation de beaucoup de capitaux, il n'est pas douteux, dis-je, qu'il vaut mieux pour lui se soumettre au paiement d'un intérêt dont il retrouve bien l'indemnité dans la mise en valeur du capital qu'il est dispensé de donner : sous ce rapport donc, la grande majorité, la presque unanimité votera pour l'emprunt; et si quelques-uns, nécessairement en petit nombre, préféraient le déboursé du capital, ils restent toujours maîtres de le faire, et reçoivent en échange un titre de créance d'un produit égal à celui de l'impôt à établir pour rembourser l'emprunt.

Craindrait-on que le gouvernement n'abusât du capital provenant de l'emprunt ? Mais puisqu'il faut que ce capital soit fourni, ou par l'impôt, ou par l'emprunt, le danger des abus est le même dans l'un et dans l'autre cas; et cette considération devient nulle pour celui qui serait placé dans l'alternative rigoureuse de souffrir l'emprunt ou l'impôt.

Ainsi donc, (tant il est vrai de dire qu'avec la réflexion, le vœu de la raison est toujours le vœu commun !) le choix libre et individuel de tous les contribuables s'accorderait en ce point avec l'intérêt général bien entendu qui ne permet pas, sans porter un coup funeste à l'industrie et à la renaissance des valeurs, de préférer à un prêt volontaire et qui se compose de capitaux disponibles, une contribution forcée qui se composerait presque en entier des capitaux consacrés à l'agriculture et au commerce.

Quant au service EXTRAORDINAIRE de cette année, vous verrez, CITOYEN CONSUL, par le tableau mis sous vos yeux, que ce service est assuré par l'EXCÉDENT même des recettes déja connues et certaines sur le montant de la dépense ordinaire ; mais comme une grande partie de cet EXCÉDENT pèse sur les contribuables, il serait funeste d'être obligé d'en renouveller le fardeau pour les années suivantes.

SECONDE QUESTION : Le système d'impôts, etc.

La préférence qu'on s'est plû à donner, depuis 1789, aux taxes territoriales sur les autres impositions, est une de ces théories économiques que le nombre et la célébrité de leurs partisans ne sauraient protéger contre les jugemens de l'expérience ;

Peu à peu, l'observation et le raisonnement ramènent à l'établissement des taxes qui se perçoivent à mesure de consommation, de transaction ou d'échange, et à les faire, sinon prévaloir exclusivement, au moins concourir avec celles qui se perçoivent à mesure de production.

L'imposition foncière portée aujourd'hui en France à 210 millions, outre le dixième de subvention de guerre, est évidemment trop forte ; et quoiqu'on manque de données précises pour évaluer la totalité du revenu territorial de la France (1), cependant comme les suppositions les plus vraisemblables ne le portaient pas, avant 1789, à plus de 12 à 15 cents millions, il est raisonnable de croire que ce revenu est beaucoup moindre dans l'état actuel ; et ce serait ajouter aux dommages que la révolution et la guerre ont causés à l'agriculture, que de ne pas adoucir, par tous les moyens possibles, la condition des propriétaires et des cultivateurs.

Il est affligeant de voir qu'on puisse mettre en thèse, même avec exagération, que telle est à présent en France l'imperfection ou la langueur de la culture des terres, qu'avec une surface quadruple et une population triple, le sol de la France ne rapporte pas davantage que le sol d'Angleterre (2).

Je n'ai garde d'adopter, en aveugle et dans toute sa latitude, une assertion aussi hardie ; mais je pense que, dans un empire placé sous le plus beau ciel et dont le sol est propre à toutes les espèces de productions, comme sa population l'est à tous les genres d'industrie, le gouvernement doit, par ses ménagemens et par ses soins, disputer en quelque sorte à la nature le privilège de rendre la terre fertile et ses habitans heureux.

---

(1) *Nota.* Cette incertitude rappelle la nécessité d'un CADASTRE général, travail beaucoup plus facile qu'on ne se le figure communément.

(2) *Nota.* Voyez l'ouvrage de GENTZ, page 50.

Les impôts qui se perçoivent sur les choses, à mesure qu'elles circulent, qu'elles se négocient ou qu'elles se consomment, sont, malgré toutes les déclamations contraires, les plus exacts dans leur assiette, les plus doux dans leur perception et les plus féconds dans leurs produits.

Tous ces avantages résultent de ce que, par la seule force des choses, de tels impôts se subdivisent à l'infini, soit dans leurs sommes, soit dans les époques de leur paiement ;

Ils se proportionnent naturellement, et d'eux-mêmes, à la consommation et au commerce ;

Sans inquisition, sans violence, ils atteignent tous les contractans comme tous les consommateurs, ou plutôt ce sont ceux-ci qui vont au-devant de l'impôt ; comme il n'y a point d'exception, il n'y a non plus point de surcharge, point d'arbitraire ; c'est le contribuable lui-même qui règle et modère la quotité de l'impôt selon la mesure de ses entreprises, de son usage et de ses jouissances ; et la taxe, insensible pour chacun en particulier, forme dans son résultat général un produit considérable ;

Pour le bénéfice même du trésor public proprement dit, les impôts dont il s'agit ont encore cet avantage que, sans aucune intervention nouvelle de la puissance, leur produit croissant chaque année avec les facultés des contribuables, suit les progrès de la multiplication des moyens d'échange et des objets de consommation : grâce à cet accroissement naturel, le gouvernement peut, à son gré, lorsque l'état s'enrichit et prospère, ou diminuer le tarif de l'imposition sans en affaiblir le produit, ou en appliquer la surabondance au soulagement de la contribution foncière ;

Dans aucune hypothèse au contraire, l'impôt territorial ne peut offrir cette ressource ; car l'abondance des récoltes elle-même faisant fléchir le prix des denrées, ne permet pas d'en augmenter la taxe.

Enfin, tout est libre et exempt de contrainte dans l'acquittement des impôts sur les choses à mesure de commerce et d'usage ; et ce n'est au contraire qu'à force d'exécutions et de tourmens que, dans les tems misérables, on parvient au recouvrement des taxes territoriales (1).

La contribution personnelle et mobiliaire doit être soumise aussi à une réduction très-forte ; cette dernière taxe, beaucoup moins considérable à la vérité que la contribution foncière, est aussi bien plus arbitraire et plus incertaine dans sa répartition ; pour s'y soustraire, l'adresse se joue aisément de la vigilance, et la faveur de la justice ; c'est une source de méprises, d'exceptions et d'erreurs ; une notoriété vague, de l'inquisition et des caprices, voilà ses lois et sa mesure ; et elle ne devient tolérable qu'autant qu'elle est extrêmement modérée, parce qu'alors la douceur fraye les voies de la justice et de l'impartialité ; encore serait-il plus convenable de la supprimer tout-à-fait.

Le tableau que je vous présente, CITOYEN CONSUL, des ressources de l'an 9, contient, d'après les motifs que je viens de déduire, une réduction de 30 millions sur la contribution foncière, et de 15 millions sur la contribution mobiliaire, personnelle et somptuaire.

J'insiste d'autant plus sur cette réduction, que quoiqu'il

---

(1) *Nota*. Les frais de garnisers, en l'an 7, ont été estimés à 50 millions ; voyez le rapport d'Arnould au conseil des 500, du 24 thermidor an 7.

soit vrai de dire que l'ensemble des contributions ordinaires est moins fort aujourd'hui qu'il ne l'était avant 1789, cependant chacun en particulier croit payer le double de l'ancienne taxe ; la raison s'en trouve dans l'augmentation du taux des contributions foncière et personnelle à l'exclusion des autres dont on ne s'appercevrait pas, comme de celles-là, parce que les autres se confondent avec le prix des choses, et qu'on les paye par fractions insensibles et mesurées sur sa dépense successive, sans en souffrir et sans s'en plaindre ; or, c'est déjà beaucoup que de pouvoir cacher au contribuable la main du percepteur.

Mais quels seront les moyens de remplacer le déficit résultant de la diminution des contributions qu'on appelle DIRECTES ?

Il faut, en évitant l'excès dans la quotité et les vices dans l'assiette et dans la perception, recourir aux impositions dont l'expérience a déjà fait connaître les produits.

Droit sur le sel.

Par une condescendance mal entendue à de vulgaires préjugés, ou par un faux attrait de popularité, quelques hommes publics confondant les abus avec le droit, semblent s'obstiner, par exemple, à proscrire tout impôt sur le sel, sous prétexte que la gabelle exigeait autrefois une armée de commis toujours sur pied pour combattre ou punir les tentatives des fraudeurs.

Mais le mal n'était pas dans la nature de l'impôt ; il était dans sa mauvaise assiette, dans son énormité et sur-tout dans l'inégalité l'inégalité de sa répartition : il était tout simple que, n'ayant qu'un point à franchir pour transporter le sel, d'un lieu où il ne coûtait que 4 sols, dans un lieu voisin où on le vendait 10 à 12 sols la livre, la fraude fît résistance à la force et bravât la rigueur des peines ; mais tous ces inconvéniens, et même ceux qui peuvent être attachés à la vente exclusive, disparaissent, si le droit à établir n'est perçu qu'aux salines et à l'extraction seulement : en fixant ce droit à 2 sols ou un décime par livre pesant, (ce qui porterait le prix du sel entre 3 et 4 sols la livre sur les points les plus éloignés des salines,) on ne fournirait pas le moindre sujet de plainte aux contribuables les plus près de la pauvreté ; car enfin, cet impôt de 2 sols par livre de sel n'équivaut pas, pour chaque consommateur, à deux journées de travail divisées dans toute l'année, la journée évaluée à 20 sols et la consommation à 20 livres pesant.

Le sel est, dit-on, un objet de première nécessité pour le pauvre comme pour le riche ; mais à quoi se réduiraient les impôts si on en affranchissait tout ce qui est de consommation et d'usage universel ? Et que diraient donc les détracteurs du droit sur le sel, si on leur proposait l'établissement de l'impôt qui, dans d'autres états, se perçoit sans murmure et sans inconvénient sur la mouture des grains ?

Il serait, sans doute, impossible d'indiquer une espèce de contribution tout à fait exempte d'inconvéniens ; elle offrira toujours, par quelque côté, prise à la censure des courtisans de la multitude ; et tout impôt, absolument parlant, étant une charge, doit trouver, à ce titre seul, beaucoup de contradicteurs ; mais comme l'immunité absolue est une chimère incompatible avec la protection publique et l'existence des sociétés, ce n'est pas à l'absence des charges qu'il faut prétendre, c'est à la moins imparfaite division de leur fardeau.

Et puisqu'il s'agit de popularité, de bonheur public, je voudrais bien qu'on pût offrir, dans le même tableau, d'un côté le malheur de la privation que souffrent les contribuables par le paiement des sommes que l'état exige d'eux jusqu'à concurrence de ses véritables besoins, et d'un autre côté les dommages qu'apporte à tous les sujets de l'état la conduite d'un gouvernement qui, dans la crainte de se dépopulariser par l'établissement de taxes suffisantes, aime mieux laisser chaque année ses engagemens en souffrance ;

Quoiqu'on ne puisse pas soumettre la différence de ces deux maux à la précision d'un calcul mathématique, je crois pourtant être bien au-dessous de la vérité en disant qu'il vaudrait mieux IMPOSER QUATRE que de NE PAS PAYER UN ;

Telle est, en administration, l'influence de la justice et de la fidélité, que leur pratique constante rachète avec profit pour les gouvernés les sacrifices qu'ils ont faits à la chose publique ;

Au sein de l'ordre général qui résulte de l'exercice de la bonne foi, le travail augmente avec la confiance, et la richesse avec le travail ; or, c'est toujours comparativement à la masse générale de la richesse qu'il faut arbitrer la mesure de l'impôt et déterminer sa faiblesse ou son excès :

Mais au sein de la banqueroute, à l'aspect d'un gouvernement qui la protége ou qui du moins l'excuse par son exemple, tout se paralyse, tout périt, rien ne fructifie ; et l'absence même de tout impôt serait un bien faible dédommagement des non-valeurs et des pertes qu'entraîne après lui le mépris de la foi publique.

Droit sur le tabac.

Le tabac, soumis aujourd'hui à une taxe qui rapporte 1600 mille livres seulement, au lieu de 30 millions environ qu'il rendait sous l'ancienne ferme générale, pourrait être imposé, même sans recourir au système absolu de la vente exclusive, de manière à donner un produit annuel de dix millions ; c'est un impôt qui, même avant 1789, n'a jamais excité les réclamations des consommateurs dans aucune classe ; tous les grands états de l'Europe l'ont adopté ; son produit actuel en Angleterre (1) est presque égal à ce qu'il produisait autrefois en France ; et ce serait agir modérément que de l'élever, quant à présent, au tiers seulement de son ancien produit.

Droit d'entrée.

Dans le nombre des contributions nommées *indirectes*, (parce que c'est aux choses et non aux personnes que le fisc s'adresse pour en avoir le paiement,) il en est une dont la consommation seule fait tous les frais, et qui, sous l'ancien gouvernement, était d'un rapport immense ;

C'est la taxe sur les denrées et provisions à l'entrée des grandes villes ;

(1) *Nota.* En 1798 il a été de 848493 liv. ster. (environ 21 millions tournois.)

Le souvenir des produits énormes, constans et réguliers de cette taxe, a mis dans le cas d'y avoir recours, sous le régime actuel, jusqu'à concurrence des besoins des hospices, à titre d'*octrois de bienfaisance ;* et les établissemens déjà formés pour la perception de ces octrois sont autant de mesures toutes prêtes qui simplifieront l'organisation et diminueront la dépense de la régie et manutention des nouveaux droits à établir.

Les droits d'entrée de Paris seulement, avant qu'on eût des murailles pour intercepter la fraude et pour réduire les frais de garde et de vigilance, étaient évalués à plus de 60 millions par an ;

Aujourd'hui, on paie environ 8 à 10 millions à titre d'octrois de bienfaisance ;

La nécessité de diminuer la contribution foncière et de rétablir, dans la répartition des impôts, un salutaire équilibre entre les campagnes qui produisent et les grandes villes qui consomment, exige qu'en restant encore fort au-dessous du montant de l'ancienne taxe, on la remette en vigueur pour la moitié à-peu-près ; et en étendant cette mesure aux villes riches et peuplées, telles que Lyon, Bordeaux, Marseille, Strasbourg, Bruxelles, etc., on pourra aisément augmenter de plus de 30 millions le revenu du trésor public.

TROISIÈME QUESTION : Convient-il au gouvernement français, etc.

Une telle question est heureusement devenue presque honteuse à discuter aujourd'hui ; car demander s'il convient à un gouvernement d'acquitter les engagemens pris au nom de l'état, c'est demander en d'autres termes s'il lui convient de fortifier sa puissance par sa justice, et de développer par la confiance toutes les facultés des peuples soumis à son administration. Pour donner à cet égard une bonne solution, il suffit de comparer, (sous les divers rapports d'agriculture, de commerce et de travail,) la situation intérieure des états qui se libèrent par des banqueroutes, avec la situation intérieure de ceux où l'énormité même des engagemens n'empêche pas que l'exactitude à les remplir ne soit un des premiers devoirs de leur gouvernement;

Que ceux qui, moins frappés du malheur des créanciers de la France dans ces dernières années, que des miracles opérés par le peuple français au travers de la banqueroute et de ses ravages, méconnaîtraient par cette raison le prix de la fidélité et lui refuseraient leurs hommages, que ceux-là, dis-je, arrêtent un moment leurs regards sur les débris qui nous environnent, et qu'ils voyent par combien de sacrifices, de destructions et de violences il a fallu suppléer aux tributs volontaires que le crédit aurait procurés!

Qu'ils voyent d'un autre côté combien d'hommes et de choses a épargnés à une nation voisine le respect que son gouvernement porte à la foi publique; c'est-là, et là seulement qu'il faut chercher les causes de sa félicité intérieure, et de son étonnante prépondérance au dehors. *

La nation française a assez de GLOIRE, il lui faut enfin un peu de BONHEUR; et c'est dans son BONHEUR que consiste la GLOIRE de ceux qui la gouvernent;

Si l'on pouvait même, avec quelque décence, dans les conseils qu'on adresse aux chefs des empires, faire abstrac-

* *Nota.* Si sa conduite politique eût été aussi parfaite que sa conduite administrative, l'univers serait à ses pieds; ce serait toujours l'ouvrage de sa FIDÉLITÉ.

tion des lois éternelles de la morale et de la justice pour ne fixer leur attention que sur leur INTÉRÊT, et ne voir cet INTÉRÊT que dans l'augmentation de leur puissance et dans la simplification des moyens de régir et de commander; quel est le PRINCE, le DÉPOSITAIRE quelconque de l'exercice du POUVOIR, qui ne doive se dire à lui-même ?

» Si je ne promets jamais en vain, si je restitue fidèle-» ment, si ceux qui ont confiance en moi reconnaissent que » j'en suis digne, tous les trésors de l'état, tous les services » de ses citoyens seront à ma disposition dans les besoins de » la patrie; et on n'ajoutera pas au prix réel de ces services » celui du risque de mon infidélité; (*)

» Mais si ma garantie est illusoire, si je dispose arbitrai-» trairement de ce qui n'a été que commis à ma bonne-foi, » si seulement distinguant les personnes, les circonstances et » les dates, je ne respecte pas également tous les engagemens » pris au nom de l'état, ma CAUSE alors n'est plus la CAUSE » COMMUNE, et il ne me reste plus qu'à appesantir le joug » de la force sur la tête de ceux dont j'aurai violé les droits » et méconnu les titres. »

(*) *Nota*. LOUIS XIV, une seule fois dans le cours d'un long régne, fut force de manquer à ses promesses, c'est-à-dire, en langage moderne, de faire UN ARRÉRÉ :

« Sans doute, (lui » dit mad^e. de Main-» tenon,) V. M. va » rendre un édit pour » défendre à son par-» lement de punir les » voleurs de grands » chemins. »

Quant à vous, CITOYEN CONSUL, qui connaissez le prix des MOEURS, vous qui en soignez le culte avec rigidité jusques dans les moindres actes de votre conduite privée, vous sentirez mieux qu'un autre, et vous considérerez par-dessus tout l'influence que doivent avoir, sur les MOEURS d'une nation toute entière, les habitudes loyales de son gouvernement.

L'exercice de la protection publique embrasse, dans les devoirs qu'il impose aux chefs de l'état, la pratique et l'exemple de toutes les vertus propres à resserrer le lien social ; il leur impose l'observation religieuse des contrats formés sous le sceau de leur autorité ; et, quand ils en permettent l'infraction ou la mise en oubli, cette indifférence gagne peu à peu tous les membres de la société ; plus puissante que les lois elles-mêmes, elle s'introduit bientôt dans toutes les transactions, dans toutes les affaires privées; elle détruit tous les rapports qui naissent de la confiance, et ne laisse par-tout qu'inquiétude, resserrement et dégoût du travail :

Chacun s'isole alors de la chose publique et de ses propres concitoyens ;

On concentre ses affaires;

On ne communique plus, ni ses richesses, ni son crédit ; ou bien, c'est à des conditions qui rendent l'assistance meurtrière et les secours ruineux, parce que c'est toujours la méfiance qui les vend, c'est toujours le besoin extrême qui les achete :

De-là naissent ces INTÉRÊTS ÉNORMES, ennemis mortels de la reproduction, dont aucun travail, aucune industrie ne peuvent racheter le fardeau :

C'est à ce TAUX exorbitant d'INTÉRÊTS qu'il faut sur-tout déclarer la guerre, et l'on ne peut le combattre qu'avec les armes de la FIDÉLITÉ : depuis un an, l'USURE a bien, il est vrai, cédé quelque chose à l'espoir seul d'un meilleur ordre, mais elle exerce encore sa domination funeste, et tant que son pouvoir ne sera pas détruit, il n'y aura point de prospérité en France ;

Le grand malheur attaché à cette exigence d'intérêts excessifs, à cette tyrannie des ÉCUS, c'est qu'elle mène à l'oisiveté, et les TYRANS et les VICTIMES :

LES UNS, parce que la commodité et la rapidité des profits les éloigne de toute entreprise laborieuse et plus lente dans ses produits ;

LES AUTRES, parce que ne pouvant jamais retrouver dans le fruit de leur assiduité et de leurs peines, l'indemnité du haut intérêt qu'ils supportent, ils aiment mieux déserter les ateliers et les campagnes, que de travailler sans avoir même l'espoir de se libérer.

Quand une population toute entière se trouve ainsi condamnée au DÉSOEUVREMENT, il devient impossible de nombrer, soit les NON-VALEURS que cette inertie générale cause à la société, soit les ATTEINTES qu'elle porte à la MORALE publique (1).

QUATRIÈME QUESTION : quel est, pour se mettre à jour, le mode de libération, etc.

L'application des lois de la plus stricte justice et de la plus grande impartialité est l'unique secret à donner au gouvernement

(1) *Nota.* Tout le monde n'apperçoit pas d'abord, mais cela est pourtant susceptible de démonstration, que l'argent étant une valeur universelle, un signe dont l'usage est commun à toutes les nations, le taux de l'intérêt doit se niveler par-tout où il y a FORCE et FIDÉLITÉ dans le gouvernement ; peu importe qu'accidentellement et par intervalles, il y ait peu ou beaucoup de numéraire dans tel ou tel pays ; la différence du prix de l'argent dans le lieu où il abonde, à son prix dans un autre lieu où il est rare, ne doit consister que dans les frais de change ou de transport ; et, je maintiens que, quand on PAYERA BIEN en France, le Hollandais, l'Allemand, l'Anglais même, aimeront mieux y faire passer leurs écus pour en retirer 5 p. 100 d'intérêt, que de les placer chez eux à 3 ou 4 p. 100 seulement.

vernement pour accomplir, de la manière la plus utile à l'état et à ses créanciers, la libération des dettes nationales ;

Il faut supprimer pour l'avenir, ces distinctions odieuses qui, à droit égal, laissent en souffrance les créanciers de telle ou telle époque pour ne s'occuper que de ceux dont les avances sont plus modernes, et qui, d'une dette publique uniforme par sa nature, forment deux classes différentes, l'une privilégiée et produisant des intérêts régulièrement servis, et l'autre improductive et nulle pour ses légitimes propriétaires.

Un gouvernement qui veut travailler tout à-la-fois à sa libération pour le passé, et à l'établissement de son crédit pour l'avenir, et qui, après la révision exacte de ses engagements de toute nature, trouve dans ses ressources bien ordonnées de quoi faire justice à tous, ce gouvernement, dis-je, doit appliquer à tous ses créanciers en souffrance le même mode de liquidation.

J'ai déja observé qu'outre la partie de la dette publique soumise à la liquidation provisoire, et dont les arrérages sont suspendus, on pouvait évaluer à 200 millions en capital les créances de toute nature qui composent l'ARRIÉRÉ ; et pour parer aux mécomptes, soit sur cet article, soit sur celui de la dette provisoire, j'ai augmenté de 5 millions de rentes (équivalens à 100 millions de capital), la charge annuelle qui pourra résulter de ces deux natures de dette ; or mon avis est que toutes les deux soient immédiatement incorporées à la dette publique CONSOLIDÉE et produisant intérêts au denier 20.

Peut-être quelques-uns des porteurs de créances arriérées, oubliant la non-valeur de leurs titres pour ne voir que l'injustice de leur non-remboursement pur et simple à des époques dont il est impossible de réparer tous les malheurs, appercevront-ils encore une nouvelle injustice dans le mode de liquidation que je propose à leur égard ; mais, sans parler de la nécessité de se mettre à jour sur le PASSÉ pour régulariser l'AVENIR, et de l'impossibilité de remplir aujourd'hui cette tâche avec des ÉCUS, j'engage les mécontens, avant de déterminer la valeur du mode de remboursement que j'indique, à réfléchir un instant sur l'amélioration du crédit de la France, quant à ses effets sur le cours des fonds publics et sur la valeur d'une inscription au grand-livre, après l'adoption d'un moyen positif de liquidation universelle.

Qu'on veuille de bonne-foi se rendre raison de la consistance et de la solidité d'une dette publique de 115 millions de rentes seulement dans un empire dont la dépense ordinaire ne va pas à 300 millions par an, et dont la recette ordinaire, même en adoucissant beaucoup ce qui a existé depuis vingt ans et ce qui existe encore aujourd'hui, peut s'élever à 469 millions; et qu'on dise si une dette ainsi fondée, ainsi proportionnée à la fortune publique, n'est pas un moyen d'emploi préférable à tous ceux qui reposent sur la foi due à quelque commerce, à quelque entreprise, à quelque fortune particulière que ce soit.

En France, comme par-tout où les moyens de travail et de

fortune sont multipliés à l'infini, le nombre des possesseurs de fonds surabondans augmente en raison même de l'activité qui favorise la reproduction ;

Faute de placemens utiles ou exempts de risques, on verrait ces capitalistes thésauriser ou exporter leur superflu ;

Mais si, dans le sein même de l'état qui les protège, il s'offre à eux sous la garantie de la foi publique et avec un gage renaissant chaque année et toujours présent à leurs yeux, un DÉBITEUR qui leur promette et leur paye un intérêt supérieur au produit ordinaire des propriétés, ils ne balanceront pas à rendre à la circulation de leur pays les fonds qu'ils auraient laissés oisifs ou transportés ailleurs ;

Il s'y décideront d'autant plus volontiers, que ce DÉBITEUR, par la forme même de ses engagemens transférables à volonté, ne les DESSAISIT pas de leur capital;

C'est par le fait de ces emplois que la dette publique reçoit et conserve un prix capital relatif à l'intérêt qu'elle produit, et que les titres qui la représentent deviennent eux-mêmes de véritables capitaux, entrent dans la composition des richesses, et interviennent même comme moyens d'échange, à cause de leur nature transmissible, dans les diverses transactions de la société (1).

Ceux donc à qui, désormais et après qu'on aura embrassé un plan fixe de bonne conduite pour l'avenir, l'état donnera,

(1) *Nota.* Si on objectait que la facilité même et l'avantage de ces sortes de placemens enlèvent des capitaux au commerce et à l'agriculture, on répondrait par l'exemple de l'Angleterre qui n'a jamais été sous ces deux rapports, plus florissante qu'aujourd'hui, et dont les fonds publics ont cependant absorbé tant de capitaux.

en échange de leurs créances arriérées, une part proportionnelle dans la dette fondée, ceux-là, dis-je, recevront un véritable remboursement ; aujourd'hui déja ce remboursement vaut mieux pour eux que l'action illusoire et purement nominale qui résulte de la reconnaissance de leurs avances ; aujourd'hui déja, dans le nombre de ceux même qui affichent la méfiance et professent le mécontentement, il en est beaucoup qui regrettent d'avoir méconnu, depuis un an seulement, les ressources d'un débiteur tel que la France ; il y a un an qu'ils eussent traité de visionnaire tel qui aurait annoncé que, pendant la guerre et en peu de mois, le cours des fonds publics de France s'éleverait à 40 pour cent ; eh-bien ! j'ose prédire à ces incrédules censeurs qu'en moins de tems encore peut-être nous serons, à cet égard, bien plus en avant du point de départ actuel que nous ne le sommes aujourd'hui du point où l'on était il y a un an.

On ne manquera pas de dire que la présence de 30 à 40 millions de rentes de plus dans la circulation doit faire fléchir considérablement le cours des fonds publics.

D'abord, il faut faire attention que ce n'est pas une nouvelle dette qu'on crée, un nouvel emprunt qu'il s'agit de remplir, de nouveaux capitaux qu'il s'agit de se procurer et de ravir à la circulation : la dette *provisoire*, par exemple, qui entre dans l'augmentation pour 25 millions de rentes, est déja dans la circulation sous sa forme provisoire ; l'ARRIÉRÉ, que j'arbitre à 10 millions de rentes, y est aussi sous la forme des titres qui le représentent ; ainsi, tout cela ne formera aucun engorgement, aucune surabondance de valeurs;

Mais ce qui est bien plus décisif encore, à mon avis, c'est que si la dette publique est à vil prix, ce n'est pas relativement à son VOLUME, mais bien relativement à l'absence ou à l'incertitude des mesures prises jusqu'à présent pour en composer ce qu'on appelle vraiment une dette FONDÉE, c'est-à-dire, une dette qui repose sur des bases solides, tant pour le service régulier des arrérages que pour son amortissement graduel. Ces mesures prises, la dette pourrait être indifféremment de 30 à 40 millions de rentes de plus ou de moins; sa valeurserait toujours en raison des moyens réels et de la bonne foi du débiteur.

Ces réflexions me conduisent à justifier la modicité du fonds annuel de 5 millions que j'assigne, dans mon tableau, à l'amortissement de la dette publique de France dont le fonds capital, (la dette viagère distraite,) peut s'élever à environ 1600 millions.

Quand le volume de la dette publique commence à sortir des proportions raisonnables qu'elle doit avoir avec la richesse d'un pays et avec les revenus des contribuables qui sont les vrais débiteurs, on ne saurait trop hâter le retour de l'équilibre et grossir les moyens de diminution et d'extinction.

En Angleterre, par exemple, où le fonds capital de la dette publique est d'environ 11 milliards (435 millions sterl.) il est prudent, il est nécessaire d'en accélérer l'amortissement et de porter, comme on l'a fait, le fonds d'extinction à une somme considérable ; lors que la dette anglaise n'était que de 240 millions ster. , le fonds annuel d'extinction n'était porté qu'à un million ou à un 240ème. seulement; et il est un point auquel on pourrait dire que les précautions d'amortissement sont indifférentes, ou doivent au moins se réduire à de faibles décroissemens ; je crois qu'on est bien près de ce point délicat lorsque l'intérêt de la dette n'égale pas le quart des revenus ordinaires de l'état ; une dette publique est alors plutôt un bienfait qu'une charge ; elle devient moyen d'emploi , elle empêche la thésaurisation ; et , par la distribution régulière de ses arrérages subdivisés à l'infini , elle contribue à entretenir le mouvement et la vie dans la circulation générale des richesses.

Je puis citer, à ce sujet, le passage suivant d'un écrit publié, il y a quelques mois , sur les avantages de l'existence d'une dette publique (*) :

> « . . . . Il est impossible de former dans » un état, même de feindre par la pensée, un principe de » fécondité plus abondant dans sa source, mieux entendu » dans sa direction, plus sagement combiné pour y faire » participer toutes les personnes et toutes les valeurs, que » celui d'un capital égal au cinquième ou au quart de l'uni» versalité des impositions retournant chaque année, par » des distributions journalières et par la médiation de 2 à

(*) CONSIDÉRATIONS *sur les avantages de l'existenee d'une dette publique*, etc. *page 46*.

» 300 mille parties prenantes , (nombre inférieur à celui
» des rentiers de la France,) dans la main des contribuables
» de toutes les classes, de tous les états, pour y entretenir
» et renouveller les moyens d'aisance et de travail; et ce
» serait une erreur de croire que ce mouvement réciproque
» une fois établi entre les contribuables payant des impôts
» sagement institués, et le trésor public acquittant exacte-
» ment aussi une dette proportionnée aux ressources de
» l'Etat, ce serait, dis-je, une erreur de croire qu'il fût
» plus convenable d'éteindre la dette et de diminuer l'impôt
» d'autant, que de protéger et d'assurer la continuation ré-
» gulière de ce double service.

» Par lui-même, (continue l'auteur,) et quand on le sépare
» de sa fin, un remboursement n'est rien; et relativement
» à l'aisance générale, il est nuisible s'il se résout en thé-
» saurisation; ce n'est pas la simple existence, la présence
» stationnaire des espèces ou des valeurs qui les rend uti-
» les, c'est leur activité, c'est leur passage de main en main,
» c'est leur médiation dans les échanges, c'est leur concours
» à la formation des salaires et de tous les moyens de spé-
» culation et de travail, c'est la multiplication de leurs ser-
» vices par le nombre de ceux dont elles opèrent la libé-
» ration, ou dont elles assistent l'industrie; enfin ce n'est
» que par le renouvellement perpétuel de cette circulation
» salutaire que, semblables à la nature toujours agissante
» et toujours féconde, elles partagent avec elle le don de
» la REPRODUCTION ».

Dans l'hypothèse que je viens d'établir, une dette publique dont la confiance favorise le cours, devient elle-même le régulateur du taux commun de l'intérêt de l'argent, et l'on chercherait inutilement l'exemple d'un pays où le gouvernement emprunte à bon marché, et où le crédit particulier ne se nivèle pas à celui de l'état ;

En portant mes regards en arrière à des époques où les valeurs du gouvernement français, même pendant la guerre et avec un mauvais systême d'emprunts, se négociaient pourtant au simple escompte de 5 pour cent par an, je vois toutes les spéculations d'ALORS liées à la prospérité publique ;

La richesse ALORS venait au secours du travail à des conditions douces ; et cette heureuse alliance faisait fleurir le commerce, les manufactures et tous les genres d'exploitations ;

ALORS les banquiers associaient en quelque sorte leur fortune à la fortune de l'état ; par leurs opérations personnelles comme par leur correspondance, ils appelaient la confiance de l'étranger, et devenaient ainsi les véritables ministres du crédit public ; ils en faisaient le point d'appui de leur crédit particulier ; la patrie n'avait point de succès dont l'avantage ne leur fût commun, point de revers dont ils n'eussent à souffrir ;

Dans ces dernières années, au contraire, les CAPITALISTES dans leurs emplois, les BANQUIERS dans leurs arbitrages, les financiers, dans leurs spéculations, semblent s'être bornés à observer les besoins des particuliers et ceux de l'état pour faire ressortir leurs plus grands

grands profits du sein même de la misère publique : le prêt sur gages, toujours plus cher que les bons offices de la simple confiance, l'habileté à se placer entre les caisses publiques et le gouvernement pour VENDRE à celui-ci SON PROPRE ARGENT, voilà le commerce actuel de la capitale, le savoir-faire des banquiers du jour ; et je m'afflige de penser que la RÉGENCE même de la banque de France est devenue, pour la plupart de ceux qui la COMPOSENT et de ceux qui la CONTRÔLENT, un moyen de profiter du bas prix des valeurs du trésor public; cependant, c'est au gouvernement que la banque doit les 5 sixièmes du médiocre fonds réel dont elle est en possession, et qui devait avoir une destination plus louable et plus universellement utile : mais n'accusons ni les banquiers, ni les financiers, ni les capitalistes; ils ont par eux-mêmes si peu de pouvoir et d'influence ! C'est au gouvernement qu'il appartient d'en faire de BONS SERVITEURS; leurs procédés se règlent toujours sur l'impulsion que donne à toutes les affaires, à toutes les opérations privées, la grande manutention des finances et des affaires générales de l'état; c'est à ce centre commun qu'est le principe de tout bien ; et quand la puissance publique fraye elle-même, par son exemple, la route de la bonne foi et des pratiques honnêtes, l'intérêt personnel y ramene bientôt tous les individus. Il n'y a pas à craindre que jamais on déserte les avenues du trésor public ; et la foule sera plus grande encore quand on ne pourra lui proposer que de loyaux services et d'honorables transactions.

Je place

Je place ici le BUDJET ou tableau des ressources du gouvernement français pour le service de l'an 9, et je terminerai cet écrit par le rapprochement de la position et des moyens respectifs de richesse et de crédit de la FRANCE et de l'ANGLETERRE.

T A B L E A U

DES RESSOURCES DU GOUVERNEMENT FRANÇAIS *pour le service* ORDINAIRE ET EXTRAORDINAIRE DE L'AN IX.

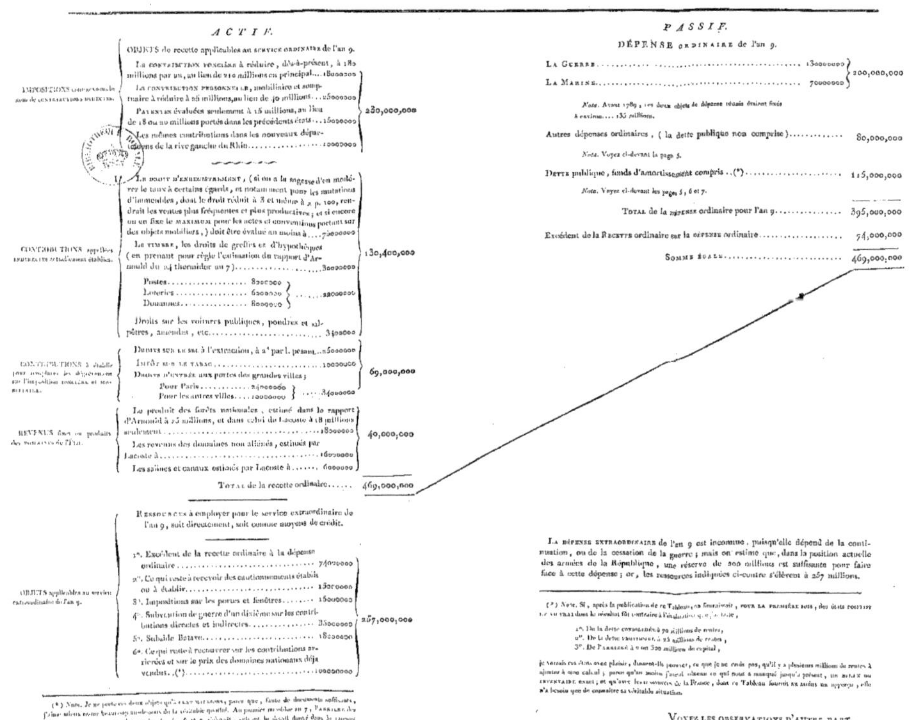

ACTIF.

OBJETS de recette applicables au SERVICE ORDINAIRE de l'an 9.

IMPOSITIONS connues sous le nom de CONTRIBUTIONS DIRECTES.

La CONTRIBUTION FONCIÈRE à réduire, dès-à-présent, à 180 millions par an, au lieu de 210 millions en principal....	180000000	230,000,000
La CONTRIBUTION PERSONNELLE, mobiliaire et somptuaire à réduire à 25 millions, au lieu de 40 millions...	25000000	
PATENTES évaluées seulement à 15 millions, au lieu de 18 ou 20 millions portés dans les précédents états...	15000000	
Les mêmes contributions dans les nouveaux départemens de la rive gauche du Rhin..................	10000000	

CONTRIBUTIONS appelées INDIRECTES actuellement établies.

LE DROIT D'ENREGISTREMENT, (si on a la sagesse d'en modérer le taux à certains égards, et notamment pour les mutations d'immeubles, dont le droit réduit à 3 et même à 2 p. 100, rendrait les ventes plus fréquentes et plus productives; et si encore on en fixe le MAXIMUM pour les actes et conventions portant sur des objets mobiliers,) doit être évalué au moins à....	75000000	130,400,000
LE TIMBRE, les droits de greffes et d'hypothèques (en prenant pour règle l'estimation du rapport d'Arnould du 24 thermidor an 7)......................	30000000	
Postes.................... 8000000 Loteries.................. 6000000 Douanes................... 8000000	22000000	
Droits sur les voitures publiques, poudres et salpêtres, amendes, etc..........................	3400000	

CONTRIBUTIONS à établir pour remplacer les [illegible] sur l'imposition foncière et mobiliaire.

DROITS SUR LE SEL à l'extraction, à 2 d par l. pesant...	25000000	69,000,000
IMPÔT SUR LE TABAC..............................	10000000	
DROITS D'ENTRÉE aux portes des grandes villes; Pour Paris............ 24000000 Pour les autres villes.... 10000000	34000000	

REVENUS fixes ou produits des DOMAINES de l'État.

Le produit des forêts nationales, estimé dans le rapport d'Arnould à 25 millions, et dans celui de Lacoste à 18 millions seulement...	18000000	40,000,000
Les revenus des domaines non aliénés, estimés par Lacoste à..	16000000	
Les salines et canaux estimés par Lacoste à......	6000000	
TOTAL de la recette ordinaire......		469,000,000

RESSOURCES à employer pour le service extraordinaire de l'an 9, soit directement, soit comme moyens de crédit.

OBJETS applicables au service extraordinaire de l'an 9.

1°. Excédent de la recette ordinaire à la dépense ordinaire..................................	74000000	257,000,000
2°. Ce qui reste à recevoir des cautionnements établis ou à établir..............................	15000000	
3°. Impositions sur les portes et fenêtres........	15000000	
4°. Subvention de guerre d'un dixième sur les contributions directes et indirectes...............	35000000	
5°. Subside Batave..............................	18000000	
6°. Ce qui reste à recouvrer sur les contributions arriérées et sur le prix des domaines nationaux déjà vendus. .(*)...........................	100000000	

(*) *Nota. Je ne porte ces deux objets qu'*[illegible] *parce que, faute de documents suffisants, j'aime mieux rester beaucoup au-dessous de la véritable quotité. Au premier vendémiaire an 7, l'*ARRIÉRÉ *des* CONTRIBUTIONS DIRECTES *des années 4, 5, 6 et 7 s'élevait, suivant le détail donné dans le rapport d'*ARNOULD *du 24 thermidor an 7, à 299* MILLIONS. [illegible]

PASSIF.

DÉPENSE ORDINAIRE de l'an 9.

LA GUERRE..................................	130000000	200,000,000
LA MARINE..................................	70000000	
Nota. Avant 1789, ces deux objets de dépense réunis étaient fixés à environ.... 135 millions.		
Autres dépenses ordinaires, (la dette publique non comprise)............		80,000,000
Nota. Voyez ci-devant la page 5.		
DETTE publique, fonds d'amortissement compris ..(*)......................		115,000,000
Nota. Voyez ci-devant les pages 5, 6 et 7.		
TOTAL de la DÉPENSE ordinaire pour l'an 9...............		395,000,000
Excédent de la RECETTE ordinaire sur la DÉPENSE ordinaire.....................		74,000,000
SOMME ÉGALE..............................		469,000,000

LA DÉPENSE EXTRAORDINAIRE de l'an 9 est inconnue, puisqu'elle dépend de la continuation, ou de la cessation de la guerre; mais on estime que, dans la position actuelle des armées de la République, une réserve de 200 millions est suffisante pour faire face à cette dépense; or, les ressources indiquées ci-contre s'élèvent à 257 millions.

(*) Nota. Si, après la publication de ce Tableau, on fournissait, POUR LA PREMIÈRE FOIS, des états positifs et vrais dont le résultat fût contraire à l'évaluation que j'ai faite,

1°. De la dette CONSOLIDÉE à 70 millions de rentes,
2°. De la dette VIAGÈRE à 25 millions de rentes,
3°. De l'ARRIÉRÉ à [illegible] 300 millions de capital,

je verrais ces états avec plaisir, dussent-ils prouver, ce que je ne crois pas, qu'il y a plusieurs millions de rentes à ajouter à mon calcul; parce qu'au moins j'aurai obtenu ce qui nous a manqué jusqu'à présent, un BILAN ou INVENTAIRE exact; et qu'avec les ressources de la France, dont ce Tableau fournit au moins un aperçu, elle n'a besoin que de connaître sa véritable situation.

VOYEZ LES OBSERVATIONS D'AUTRE PART.

OBSERVATIONS *sur le Tableau d'autre part.*

Première OBSERVATION.

On n'a point compris dans l'ACTIF du tableau le droit de PASSE sur les grandes routes, parce que son produit doit être exclusivement et religieusement consacré à l'entretien des grandes routes ; autrement, et en violant sa destination, on rend la taxe odieuse et insupportable.

Seconde OBSERVATION.

Les nouvelles impositions proposées ne peuvent pas être en activité sur-le-champ; et par cette raison, on pourrait vouloir laisser subsister celles dont les rôles se trouvent tout faits, et ajourner les autres. Mais quand il s'agit de l'établissement d'un meilleur ordre de choses, peu importe que l'année soit commencée, et on ne saurait trop tôt adopter ce qui est utile ; seulement les dégrèvemens proposés n'auraient lieu qu'à compter du moment de l'activité de perception des impositions nouvelles.

Troisième OBSERVATION.

On aurait pu comprendre encore dans le recensement général des revenus de l'état, non-seulement les rentes déclarées rachetables sur le pied de quinze fois la rente, par la loi du .... de l'an 8, mais encore les rentes foncières dues également à l'état, et dont le paiement se trouve suspendu par une extension abusive des lois portant suppression des droits féodaux : ces rentes foncières sont celles qui se trouvent établies dans des contrats *mixtes*, contenant en même-tems constitution de cens et redevances seigneuriales, et que, par cette raison, les redevables ont cessé de *payer*, comme les croyant, ou feignant de les croire enveloppées dans l'abolition des rentes féodales. Il existe, sur cet objet, un travail qui établit parfaitement la distinction à faire entre ces rentes ou prestations foncières qui, dérivant de concession de fonds, sont une véritable propriété ordinaire qu'aucune loi n'a supprimée, et le cens ou droit purement féodal avec lequel on voudrait les confondre.

Les informations recueillies sur le montant probable des rentes de cette nature, qui appartiennent à l'état, les font monter à près de 20 millions, ce qui, estimé sur le pied de quinze fois la rente, donne un capital de 300 millions......... *Mémoire.*

Quatrième OBSERVATION.

La ressource de l'ARRIÉRÉ des contributions et du prix des ventes de domaines nationaux, peut favoriser la formation d'un fonds de caisse considérable et bien essentiel à l'aisance du trésor public ; c'est-là le premier garant de l'économie à apporter dans les dépenses ; et c'est en ce point sur-tout qu'il faut citer la pratique de M. NECKER ; il veillait toujours à ce qu'il y eût beaucoup d'argent comptant à la disposition du trésor ; sans cette précaution, l'administration reçoit la loi au lieu de la faire ; et au contraire, quand elle peut payer comptant, elle paye 25 pour cent de moins, et elle est mieux servie.

DE LA
POSITION RESPECTIVE
DE LA FRANCE ET DE L'ANGLETERRE.

On a beaucoup comparé depuis quelque tems, et on compare encore tous les jours l'Angleterre à la France, en matière de richesse, de crédit et d'administration de finances ; et il n'est aucun de ces parallèles où la France ne soit profondément humiliée.

Je rends hommage, avec tous les admirateurs de l'Angleterre, à l'industrie de ses habitans, à l'habileté de ses administrateurs, et sur-tout au respect religieux que son gouvernement porte à la foi publique ; et, loin de former des vœux impies contre sa prospérité, je pense au contraire que le bonheur et la gloire d'une nation ne doivent jamais être, pour les autres nations, que des sujets d'émulation et non pas des causes d'envie : c'est même un bienfait signalé de la providence, quand au milieu de ces grandes crises qui menacent le repos du monde et la civilisation toute entière, quelques peuples, par leur sagesse, continuent à prospérer et à fleurir pour l'avertissement et le salut de leurs contemporains, comme pour l'instruction des races futures.

Mais à présent que la France, plus calme après de longs orages, est enfin ramenée à des idées d'ordre, de conservation et de paix, qu'elle a cessé de menacer les autres gouvernemens, pour s'occuper du sien, et que ses représentans ne s'écrient plus dans leur délire ; « Nous avons la RAISON

» pour POINT D'APPUI, une GRANDE NATION pour LEVIER,
» et nous n'avons pas encore BOULEVERSÉ le MONDE ! » (1) A présent, dis-je, il est permis d'aspirer aussi à une bonne administration et de comparer, à notre tour, dans cette consolante espérance, la position réelle et le fonds de richesses de la nation Française en y mesurant les charges de son gouvernement, avec la position et la richesse de l'Angleterre mesurées aussi à ses dépenses publiques.

Je conviendrai avec les amis de la puissance anglaise, que l'Angleterre est à son plus haut période de richesse, et sous le rapport des produits de son territoire, et sous le rapport de son commerce intérieur et extérieur ;

J'admettrai aussi que la France, sous l'aspect de l'agriculture, et plus encore sous celui du commerce, ne présente que l'image d'un état presque en léthargie et au plus bas dégré d'activité et de production effective.

Et je crois que cette double supposition portée à l'extrême est précisément ce qui fournit, pour l'avenir, les meilleurs argumens en faveur de la France.

Car il faut bien distinguer entre le produit ACTUEL, et le produit POSSIBLE, et ne pas considérer comme stérilité, ce qui n'est que stagnation et repos.

Il est très-vrai que l'Angleterre a tout fécondé, tout développé, tout mis en œuvre ; mais aussi elle a acquis tout ce qu'elle pouvait acquérir, elle a tout ce qu'elle pouvait avoir.

La France au contraire a négligé, mis en oubli, tous les élémens de sa prospérité et de sa richesse; mais elle les possède

---

(1) *Nota.* Paroles de Danton à la tribune de la convention nationale.

encore ; son sommeil n'est pas la mort, son engourdissement n'est pas le néant ; et, au premier signal de paix et de sécurité, sa population toute entière, dont l'intelligence et l'activité ne sont pas en problême, peut faire éclore tous les germes d'abondance qu'elle porte dans son sein.

Tout est fait pour l'Angleterre ;

Tout reste à faire pour la France ;

Tous les changemens ne peuvent être qu'en MOINS BIEN pour l'Angleterre ;

Tous les changemens seront en MIEUX pour la France ;

L'une ne peut que rétrograder ; et pour l'autre, la carrière des progrès va, de nouveau, commencer à s'ouvrir.

Je ne veux pas trop m'écarter de mon sujet ; et comme il ne s'agit ici que de déterminer seulement le degré de crédit et de confiance que méritent l'une et l'autre nation, quant à la situation de leurs finances, et non pas le rang (1) absolu qu'elles peuvent prétendre, comme puissances, dans l'ordre politique, je me bornerai à envisager sommairement les principaux fondemens de leur richesse respective et de l'accroissement de leurs revenus.

Territoire.

La France, dans son ancienne consistance seulement, a un territoire quatre fois plus étendu que celui de l'Angleterre proprement dite ; et comme le produit territorial actuel de

---

(1) *Nota.* La question du RANG ne serait pas douteuse, à égalité de sagesse dans l'administration ; ce n'est que par EXCEPTION à l'ordre naturel, que la France peut perdre un instant sa PRIORITÉ.

l'Angleterre est, dit-on, (1) à-peu-près le même que celui de la France avant la révolution, on en conclud que, sous ce point de vue, la France est quatre fois moins riche que l'Angleterre :

On enchérit encore sur ce raisonnement ; et, par un arbitrage de la diminution qui s'est opérée, depuis 1789, dans le revenu territorial de la France, arbitrage qu'il est plus aisé d'outrer que de préciser, on trouve que, dans le fait, la France est aujourd'hui huit fois moins riche que l'Angleterre ; et on fait ressortir d'autant la supériorité que doit avoir à cet égard une nation sur l'autre.

Plus les données de ce raisonnement sont forcées, et plus il reste de latitude à la France pour atteindre d'abord le niveau dans les produits territoriaux respectifs, et pour avoir bientôt un excédent en sa faveur.

Le sol de la France est là ; il est au moins égal en fertilité à celui de l'Angleterre ; les bras, l'intelligence et l'aptitude au travail sont là aussi pour hâter le défrichement de toutes les parties incultes et l'amélioration de celles qui ne le sont pas ; et, ce qu'ont obtenu, dans leur isle, 8 à 11 (2) millions d'hommes distraits par l'occupation de toutes les mers et par l'exploitation de leurs nombreuses colonies répandues sur tout le globe, 30 millions d'habitans de la plus belle partie du continent de l'Europe l'obtiendront sans doute aussi sur un ter-

---

(1) *Nota*. Voyez Gentz. . . . . . page 50.

(2) *Nota*. La population de l'Angleterre est évaluée, par les différens observateurs qui en ont fait la recherche, à 8 millions d'hommes au moins, et à 11 millions au plus.

ritoire fertile en productions de consommation universelle, et auquel tous les débouchés sont ouverts.

Suivant l'estimation faite en Angleterre en 1799, pour servir à l'établissement de la nouvelle taxe sur les revenus, le revenu territorial de l'Angleterre a été porté, en y comprenant celui du propriétaire, celui du fermier, et les dîmes, à la somme de 49 millions sterlings (environ 12 à 1300 millions tournois).

A la vérité, les bases de ce calcul sont :

1°. 40 millions d'arpens cultivés, sur 47,

2°. Le produit de 15 schellings (environ 18 liv. tournois) par arpent.

Je crois cette double supposition fort exagérée ;

Je l'admets néanmoins en faveur de l'Angleterre ;

Mais je n'ai pas besoin d'hypothèses aussi favorables pour faire le compte de la France ; et quand il serait vrai de dire que, dans ses progrès en agriculture, elle doit rester en arrière de moitié sur l'Angleterre, néanmoins, au moyen de l'étendue quadruple de son territoire, elle arrivera toujours au double du revenu territorial actuel de l'Angleterre.

Commerce et possessions hors d'Europe.

C'est à cet égard principalement que, dans l'état actuel des choses, l'Angleterre a sur la France une grande supériorité :

Suivant les évaluations faites par son gouvernement en 1799, les profits annuels de son commerce extérieur sont

portés à 12 millions sterl., environ. .	300 millions tourn.
Ceux de son commerce extérieur à 28 millions sterl., environ.	700 millions.
Ceux de ses possessions hors d'Europe à 5 millions sterl., environ.	125 millions
Total des produits annuels de son commerce.	1125 millions tourn.

Le Gouvernement français ne peut pas aujourd'hui citer en sa faveur de semblables produits; mais peut-être ne s'écoulera-t'il pas autant de tems qu'on pourrait le croire avant que la France atteigne, même en matière de commerce extérieur, ce haut degré deprospérité :

Et en effet, si on veut faire attention :

A la situation de son empire qu'embrassent l'Océan et la Méditerranée dans une étendue de 300 lieues de côtes;

A la nature de ses productions consistant essentiellement en grains, vins et denrées de première nécessité ;

A ses fleuves, à ses canaux, à ses grandes routes, à ses ports, à tous ses moyens de communication intérieure et de rapports extérieurs ;

Et à larapidité d'exécution qui accomplit ordinairement toutes les entreprises conçues ou résolues par le génie français; (1)

Si on observe que, par la surabondance de sa population intérieure, la France aurait plus de moyens encore que l'Angleterre, pour multiplier, étendre et protéger des colonies ;

Si enfin on passe en revue les différentes époques de sa gloire et de sa puissance sur les mers et dans les deux mondes ;

(1) *Nota*. Le français, (disait avec raison COLBERT) changerait les ROCHERS EN OR, si on le laissait faire.

L'imagination

L'imagination effrayée d'abord de l'épuisement actuel de sa marine et de la perte momentanée de ses colonies, mettra bientôt au rang des plus prochaines révolutions politiques, le retour de la France à la richesse et à la prospérité commerciales :

Mais, toutes ses spéculations, tous ses efforts dûssent-ils, encore long-tems, se diriger uniquement vers l'amélioration des produits de son territoire et de son commerce intérieur, la France aurait, sous ce seul rapport, par l'étendue de ses domaines et par la contiguité de toutes ses parties, un avantage inapréciable et une supériorité décidée sur l'Angleterre.

C'est sans doute un grand et étonnant spectacle que celui d'une nation qui, sortant des bornes de son territoire et de sa population, fonde sur la navigation et le commerce l'édifice d'une puissance égale ou même supérieure à celle des empires les plus étendus et les plus peuplés, et qui faisant planer son génie sur toute la surface du globe, parvient à rendre l'univers tributaire de sa métropole ;

Mais plus les élémens d'une telle puissance sont épars et lointains, plus les ressorts de son administration sont compliqués et nombreux, plus aussi il faut d'habileté, de talens et de moyens extraordinaires pour en surveiller toutes les branches, pour en lier toutes les parties, pour étendre l'action du gouvernement à tant et de si grandes distances, et pour ramener toujours au centre commun et vers le siège principal de l'empire, tous les mouvemens divers de cette vaste organisation.

Or, combien de conditions sont nécessaires pour qu'un

pareil chef-d'œuvre subsiste long-tems dans son intégrité ! Combien d'accidens venant à rompre un ou plusieurs des liens de ce grand ensemble, pourraient le conduire à sa dissolution ! et combien aussi cette réflexion toute seule ne fait-elle pas naître de doutes et d'allarmes sur la stabilité d'un empire dont les principaux fondemens ne reposent pas sur les lois constantes de la nature et de l'ordre commun des sociétés !

Les œuvres du GÉNIE n'ont pas toujours autant de solidité que d'éclat ; et quoique, par ses miracles, il participe en quelque manière aux attributs de la puissance divine, il y a pourtant toujours, dans ses créations artificielles, quelque côté périssable et fragile qui porte l'empreinte et fournit la preuve de l'imperfection des choses humaines ;

C'est déja un petit échec pour l'Angleterre que le recours de sa banque à l'autorité pour rester jusqu'après la paix en état de suspension de paiement.

Dans l'ouvrage cité de *Frédéric Gentz*, l'auteur a essayé d'établir, avec beaucoup d'adresse et de talent, d'une part l'indépendance réciproque où sont, l'un vis-à-vis de l'autre, la banque et le gouvernement d'Angleterre, et d'une autre part la nuance qui distingue la suspension des paiemens de la BANQUE de la suspension des paiemens d'un BANQUIER ordinaire ; mais il n'a pas, à mon avis, porté sur ces deux propositions, la même démonstration que sur les principes de crédit développés dans son ouvrage.

Il serait en effet difficile de persuader que, dans un pays où les dépenses du gouvernement s'élèvent à près de 1500 millions par an (1), et où la masse du numéraire en circulation qui devrait naturellement acquitter toutes les parties de cette dépense ne s'élève pas à la moitié de cette somme (2), il serait, dis-je, difficile de persuader que dans un tel pays, la dissolution ou la simple inaction d'une banque qui, pour le seul service courant du gouvernement, est habituellement en avance de 10 à 12 millions sterlings, (300 millions de France) (3) ne dût pas produire un ébranlement funeste à l'état lui-même;

Une telle banque devenue, pour ainsi dire, rouage essentiel de la grande machine, ne pourrait certainement pas être anéantie ou neutralisée sans apporter dans les affaires générales une confusion et des embarras inextricables; et cet évènement n'eût-il pour premier effet que celui d'arrêter, pendant quelque tems seulement, les paiemens du trésor public, il rendrait, par cela seul, tout emprunt impossible :

Or, faute de la ressource des emprunts, où en serait l'Angleterre pour ses dépenses extraordinaires et même pour les autres?

Que deviendraient les valeurs et la richesse de la banque elle-même créancière de l'état pour son fonds primitif, outre ses avances courantes, d'environ 300 millions?

Que deviendrait la fortune des négocians et des particuliers débiteurs de la banque, et désormais privés de son assistance et du bienfait de ses escomptes pour le service et l'activité de leurs propres affaires?

(1) *Nota.* Voyez Gentz. . . . . page 249.
(2) *Nota.* idem . . . . idem.
(3) *Nota.* idem . . . . idem.

Et comment assigner, dans la supposition d'un tel bouleversement, les limites prétendues de l'indépendance réciproque du gouvernement et de la banque, et déterminer jusqu'à quel point le service et le crédit de l'un pourraient survivre au service et au crédit de l'autre, et réciproquement ?

Le tableau fastueux des richesses réelles de l'état, des valeurs intrinsèques de la banque, peut bien donner quelque couleur, quelque consistance apparente à la théorie qui ne les juge pas nécessaires l'un à l'autre, et les suppose, chacun séparément, en état de se soutenir; mais ce sont-là des abstractions, des illusions qui ne seraient pas à l'épreuve des faits et de l'évènement ; et, pour me servir de l'expression de *Gentz*, (page 262) *le mieux est de n'établir aucun raisonnement sur de si fâcheuses hypothèses ;* car cet écrivain avoue lui-même, (page 231) que l'*Angleterre ne saurait se passer un seul jour ou de la banque, ou de quelque autre établissement pareil ;* et le fait est que le gouvernement anglais lui-même, alarmé de la chûte de la banque, n'a pas trouvé d'autre moyen de la prévenir, que celui d'autoriser la suspension de ses payemens.

A cet égard aussi, il est bien difficile de saisir la distinction établie par *Gentz*, entre la SUSPENSION des payemens de la BANQUE, et la SUSPENSION des payemens d'un BANQUIER ORDINAIRE ; je trouve, moi, que sous le rapport du maintien de la confiance, l'obligation où est la BANQUE de régler toujours la proportion de son numéraire en caisse avec ses billets en circulation, de manière à n'être jamais en défaut, est tout aussi rigoureuse que celle où est un banquier quelconque d'ordonner tellement ses spéculations, qu'à l'échéance de chacune de ses lettres de change, il ait toujours les moyens d'en acquitter le montant.

Pour la BANQUE, comme pour le BANQUIER ordinaire, c'est l'expérience de sa ponctualité, c'est le spectacle abstrait de son exactitude, tout autant que la notoriété des valeurs qu'elle possède, qui forme et conserve son crédit ;

Pour la BANQUE, comme pour le BANQUIER ordinaire, cette exactitude venant à cesser, aucun autre gage ne la remplace ; du moment qu'elle ne paye pas, il ne suffit plus qu'elle ait au fonds de quoi payer ; elle a besoin d'être FIDÈLE au moins autant que d'être SOLVABLE ;

Pour la BANQUE enfin, comme pour le BANQUIER, il faut que le respect des engagemens consacre la puissance du crédit ; car, de tous les souverains auxquels l'opinion sacrifie, le CRÉDIT est celui dont la MAJESTÉ une fois violée a le plus de peine à retrouver des hommages.

Gentz se trompe donc quand il dit, (page 273,) que la banque d'Angleterre *n'a jamais dû cesser, malgré la suspension de ses payemens comptant, d'inspirer une* CONFIANCE ENTIÈRE ; son recours à l'autorité, pour être dispensée de payer, dément cette assertion ; et j'estime que si aujourd'hui la suspension était levée, et que les porteurs de ses billets fussent libres d'en demander le remboursement en écus, la banque courrait de grands périls, malgré le fonds considérable de valeurs qu'elle serait à portée d'exhiber.

Mais j'écarte tous les fâcheux pronostics, et je reviens à

l'état des finances des deux nations, et aux moyens de l'une et de l'autre pour faire face à leurs engagemens.

Les impôts permanens ou ordinaires de l'Angleterre, parvenue à son plus haut point de richesse, ne devront s'élever, au moment de la paix, qu'à la somme de (1) 25 millions sterlings, environ 625 millions ;

Les impôts permanens ou ordinaires de la France pourraient s'élever, au besoin et sans surcharge pour les contribuables, à 500 millions au moins.

La dette publique de l'Angleterre s'élève, en capital (2), à 435 millions sterl., (près de 11 milliards,) et en intérêts annuels (3) à environ 19 millions sterl., (à-peu-près 475 millions,) outre sa dette en ANTICIPATIONS appelée DETTE FLOTTANTE, laquelle montait, en 1799, à plus de 12 millions sterlings, (300 millions de France) ; (4)

La dette publique de France s'élève, en capital, (à cause de la partie viagère,) à moins de 1600 millions ; et ses arrérages annuels ne sont que de 115 millions.

Le service des intérêts de la dette publique d'Angleterre absorbe les 4 cinquièmes de ses revenus ou impôts permanens ;

Le service des intérêts de la dette publique de France n'absorbe que le quart environ de ses impôts ordinaires.

L'Angleterre obligée d'exiger chaque année une taxe extraordinaire d'environ 200 millions, (la taxe d'un dixième

(1) *Nota.* Voyez Gentz . . . page 92.
(2) *Nota.* Voyez idem . . . page 195.
(3) *Nota.* Voyez idem . . . page 197.
(4) *Nota.* Voyez idem . . . page 199.

sur les revenus ,) pour l'extinction des emprunts contractés depuis 1798 (1) , consacre en outre à l'amortissement de son ancienne dette environ 70 millions chaque année (en vertu de l'acte de 1786 et du règlement de 1792) (2) ; et malgré ces prélèvemens énormes , elle ne serait pas libérée avant un demi-siècle (3), en ne supposant même aucune augmentation dans la quotité de sa dette ;

La France, pour former un fonds d'amortissement raisonnable , n'a pas besoin de distraire un 100e. de ses impositions ordinaires.

Les contribuables d'Angleterre payent tout ce qu'ils peuvent payer , et plus qu'ils n'ont jamais payé ;

Les contribuables de France payaient , il y a 20 ans , en impositions ordinaires, un quart en sus de celles qu'ils payent actuellement ;

Enfin, et ce qu'on ne saurait trop répéter, l'Angleterre est à un tel apogée de fortune, à un tel point de développement de toutes ses facultés que , si elle n'est pas désormais condamnée à déchoir, au moins est-il difficile de lui promettre le plus léger accroissement ;

Dix ans de fautes et de malheurs ont, il est vrai , contrarié , enchaîné l'industrie de la France ; mais , une fois rendue à la sécurité, elle n'en sera que plus ardente à remettre en valeur le magnifique héritage que ses mains laborieuses n'ont jamais délaissé qu'à regret.

---

(1) *Nota*. Voyez Gentz , page 184.

(2) *Nota*. Voyez , idem , pages 172 , 173 et 195.

(3) *Nota*. Voyez , idem , page 172.

Et pour faire jusqu'au bout honneur à l'Angleterre, je puis achever ma comparaison par une observation qui est entièrement à sa gloire :

C'est dans le spectacle même des fruits que l'Angleterre retire d'une bonne administration, que la France trouve l'unique leçon dont il semble qu'elle ait besoin pour assurer son bonheur :

Dans l'espèce de rivalité dont il s'agit ici, on a sur ses concurrens un avantage bien positif quand, pour les surpasser en richesse, il suffit de les égaler en bonne conduite.

Encore une fois, ce n'est pas en haîne de l'Angleterre que j'ai établi ce rapprochement des deux états; je suis convaincu que, même en perdant quelque chose de sa suprêmatie maritime, et en relâchant aux autres états de l'Europe une partie de l'exploitation du commerce du monde, l'Angleterre aura encore assez de richesses, et sur-tout assez de sagesse et d'ordre pour arriver à sa libération; mais je crois aussi que dans l'état respectif de la fortune et de la masse des engagemens des deux nations, si l'inquiétude de leurs créanciers réciproques cherchait à soulever le voile qui leur cache l'avenir, la répartition des chances de crainte et des motifs de sécurité serait toute entière à l'avantage des créanciers de la France.

A Paris, ce 30 *Vendémiaire an* 9, (octobre 1800.)

Signé, HALLER.

www.ingramcontent.com/pod-product-compliance
Ingram Content Group UK Ltd.
Pitfield, Milton Keynes, MK11 3LW, UK
UKHW020438180726
13839UKWH00004B/1558